Horoskop Ziege 2024

Angeline A. Rubi und Alina A. Rubi

Unabhängig veröffentlicht

Einführung

Der chinesische Kalender ist uralt und komplex und wurde nie vereinfacht. Viele Kulturen haben den Mondkalender durch den Sonnenkalender ersetzt.

Der chinesische, islamische und hebräische Kalender richten sich nach den Mondphasen. Es ist ein kompliziertes System, da sie nicht nur von Mondzyklen bestimmt werden, sondern auch den Sonnenzyklus, den Jupiter- und den Saturnzyklus einbeziehen.

Die Chinesen sind der Ansicht, dass die universelle Energie durch ein Gleichgewicht bestimmt wird. Das Konzept von Yin und Yang ist der wichtigste Bestandteil dieses Gleichgewichts. Yin ist das Gegenteil von Yang und umgekehrt, aber zusammen ergeben sie ein völliges Gleichgewicht. Diese Energie findet sich in allem, was existiert, im Greifbaren und im Ungreifbaren.

Das Ying/Yang-Symbol ist in zwei Hälften geteilt, eine ist schwarz (Yin) und die andere weiß (Yang). Beide Teile sind in der Mitte durch eine Ellipse verbunden, die sie zu einer Kurve zusammenfügt. Ihre Farben, schwarz und weiß, bedeuten, dass es eine Dualität gibt, und dass die Existenz des einen unbestreitbar die Existenz des anderen voraussetzt. Im Inneren des Yin befindet sich ein Yang-Kreis, der symbolisiert, dass Dunkelheit immer Licht erfordert. Innerhalb des Yang finden wir einen Yin-Kreis, der anzeigt, dass wir innerhalb des Lichts immer Dunkelheit finden werden.

Die Ellipse, die sie miteinander verbindet, bedeutet, dass alles fließt, sich wandelt und entwickelt. Wenn eine dieser beiden Energien, Yin oder Yang, im Ungleichgewicht ist, ist unser Leben nicht ausgewogen, denn gemeinsam stärken sie sich gegenseitig. Wir sollten nie denken, dass eine Energie der anderen überlegen ist, beide müssen gleichberechtigt zusammenwirken.

Leider gibt es in unserer Gesellschaft die Tendenz, die Yang-Energie zu bevorzugen, weil wir denken, dass ihre Eigenschaften die wichtigsten sind. Dadurch schaffen wir eine Trennung zwischen der spirituellen und der materiellen Ebene, denn indem wir den Wert der Yin-Energie herabsetzen, sind wir weniger nachdenklich und denken, dass Anfälligkeit etwas Negatives ist, weil sie Zerbrechlichkeit impliziert.

Das Gleiche geschieht mit der Dunkelheit, wir meiden sie nicht nur, sondern haben Angst vor ihr. Beide Energien sind wichtig. Wir können nur dann spirituelle Wesen sein, wenn es ein Gleichgewicht zwischen Yin und Yang gibt, denn wir sind nicht nur Licht, sondern auch dunkel. Es ist ein Fehler, das Starke oder die Aktion zu schätzen und zu privilegieren. Wir müssen das Weibliche und die Sensibilität schätzen und wertschätzen, denn nur so können wir das wahre Gleichgewicht unseres Wesens erreichen, aus einer Position der Liebe und der Festigkeit.

In den Zeichen des chinesischen Tierkreises sind die Yin- und Yang-Energie vorhanden, und sie sind es, die die Eigenschaften jedes Tieres und die mit ihnen verbundenen Elemente bestimmen.

Die Yin-Energie ist mit dem Dunklen, Kalten, Weiblichen, Abstrakten, der Tiefe und dem Mond verbunden. Yin-Zeichen sind nachdenklich, sensibel und neugierig. Sie sind der Ochse, der Hase, die Schlange, die Ziege, der Hahn und das Schwein.

Die Yang-Energie ist mit Licht, Wärme, Oberflächlichkeit, der Sonne und logischem Denken verbunden. Es sind impulsive und materialistische Zeichen. Sie sind: Ratte, Tiger, Drache, Pferd, Affe und Hund.

Die Yin- und Yang-Energien sind mit den Elementen verbunden, die sich wiederum aus den Jahren ableiten, in denen sie auftreten. Jedes Element verfügt über Yin- und Yang-Energie.

- Die Jahre, die mit der Zahl **0** enden, haben das Element Metall und sind mit der Yang-Energie verbunden.

- Die Jahre, die mit der Zahl **1** enden, haben das Element Metall und sind mit der Yin-Energie verbunden.

- Jahre, die auf die Zahl **2** enden, haben das Element Wasser und sind mit der Yang-Energie verbunden.

- Jahre, die auf die Zahl **3** enden, haben das Element Wasser und sind mit der Yin-Energie verbunden.

- Die Jahre, die mit der Zahl **4** enden, haben das Element Holz und sind mit der Yang-Energie verbunden.

-

- Jahre, die auf die Zahl **5** enden, haben das Element Holz und sind mit der Yin-Energie verbunden.

- Die Jahre, die mit der Zahl **6** enden, haben das Element Feuer und sind mit der Yang-Energie verbunden.

- Jahre, die mit der Zahl **7** enden, haben das Element Feuer und sind mit der Yin-Energie verbunden.

- Die Jahre, die mit der Zahl 8 enden, haben das Element Erde und sind mit der Yang-Energie verbunden.

- Die Jahre, die mit der Zahl **9** enden, haben das Element Erde und sind mit der Yin-Energie verbunden.

Allgemeine Vorhersagen für das Jahr des Drachen

Am 10. Februar 2024 beginnt das sensationelle Jahr des grünen Holzdrachen, und laut chinesischer Astrologie symbolisiert Grün Leben, Veränderung und Wachstum.

Der zugehörige Planet ist Jupiter, ein Planet, der sehr förderlich ist; wir werden die gesäten Früchte im Jahr 2023 ernten.

Das Jahr des Drachen 2024 wird uns Glück, Wohlstand, Wohlbefinden und Fortschritt bringen. Wir werden viele Möglichkeiten für Wachstum und Transformation haben, aber auch Herausforderungen und Komplikationen, die die Notwendigkeit von

Vergebung, Einfühlungsvermögen und friedlichen Entscheidungen betonen.

In den Jahren, in denen das Element Holz ist, belohnt das Leben Menschen, die gesellig und professionell sind. Die Erlangung eines Abschlusses oder Reisen sind einige der Möglichkeiten in diesem Jahr.

Wir werden die Gelegenheit haben, unsere Führungsqualitäten zu entwickeln, es ist ein Jahr des Aufbruchs und der Schaffung von Strukturen, die langfristig Bestand haben.

Dieses Jahr des Drachen ist günstig für Veränderungen und Wachstum, da die Energie des hölzernen Drachens die Fähigkeit besitzt, neue Ideen zu inspirieren und unsere Fantasie zu beflügeln.

Wir werden einige Etappen erleben, die voller Schwierigkeiten sein werden, aber das sind die Momente, in denen wir die Energie des Drachens nutzen müssen, um erfolgreich zu sein und die Herausforderungen zu überwinden.

Vergessen Sie im Laufe des Jahres nicht, dass der Drache den Wandel und die Anpassungsfähigkeit verkörpert, Eigenschaften, die uns helfen werden, zu wachsen und uns zu erneuern.

Das Jahr 2024 wird ein ereignisreiches Jahr mit vielen Entwicklungsmöglichkeiten sein. Wir werden viele politische, wirtschaftliche, Beziehungs- und Umweltkonflikte erleben, die deutlich machen, dass friedliche Lösungen die Antwort auf jedes Problem sind.

Dieses Jahr wird uns anregen, neue Geschäfte zu machen und uns in der unternehmerischen Welt weiterzuentwickeln, denn die Energie des Drachen und seine Eigenschaften, mutig und ehrgeizig zu sein, werden uns inspirieren.

 Wir werden viele Anpassungsfähigkeiten entwickeln, und Geduld und Ausdauer werden es uns ermöglichen, alle Widrigkeiten zu überwinden und zum Erfolg zu gelangen.

Dies ist auch ein günstiges Jahr, um an unserem geistigen Wachstum zu arbeiten; es ist sehr wichtig, dass wir uns auf unsere Ziele konzentrieren.

Zusammenfassend lässt sich sagen, dass es ein Jahr mit positiven Veränderungen und bedeutenden Fortschritten in unserem Leben sein wird, in dem wir die Möglichkeit haben werden, Liebe zu finden, eine Beziehung zu stärken und wirtschaftlichen und geistigen Wohlstand zu haben.

Ursprung des chinesischen Horoskops

Das chinesische Horoskop hat eine mehr als 5000 Jahre alte Tradition und basiert auf dem Mondjahr.

Der Legende nach rief Buddha alle Tiere, doch nur zwölf folgten seiner Aufforderung in folgender Reihenfolge: die Ratte, der Ochse, der Tiger, das Kaninchen, der Drache, die Schlange, das Pferd, die Ziege, der Affe, der Hahn, der Hund und das Schwein.

Jedes Tier erhielt ein Jahr geschenkt und bildet den Zwölfjahreszyklus, der in der chinesischen Astrologie verwendet wird. Daher hat jedes Zeichen den Namen eines Tieres, und jedem Tier entspricht ein Jahr.

Jedem Tier wurde außerdem eines der fünf Elemente zugeordnet, die den planetarischen Energien entsprechen:

-   Wasser (Quecksilber)
-   Metall (Venus)
-   Feuer (Mars)
-   Holz (Jupiter)
-   Erde (Saturn)

Das chinesische Horoskop drückt die Analogie der kosmischen Energien mit jedem Individuum aus. Aus diesem Grund wird die Energie jeder Person durch eines der zwölf Tiere repräsentiert, die dieses Tierkreiszeichen-System bilden.

Jedes Tier und die Energie, die Ihnen entspricht, werden durch Ihr Geburtsdatum bestimmt. Diese Energien bestimmen dein Verhalten und wie du die Welt wahrnimmst. Für die Chinesen symbolisieren diese Zeichen die bemerkenswertesten Eigenheiten unseres Charakters. Um die Bedeutung der Tiere richtig zu verstehen, müssen wir sie als spirituelle Symbole sehen.

Das chinesische Horoskop basiert nicht auf dem Sonnenzyklus, auf dem das westliche Horoskop basiert. Es basiert auf den Zyklen des Mondes. Jedes Mondjahr hat zwölf neue Monde und alle zwölf Jahre einen dreizehnten, daher fällt ein neues Jahr nie mit dem Datum des Vorjahres zusammen.

Die zwölf Tiere des chinesischen Horoskops beeinflussen das Leben, das Glück und den Willen eines jeden Menschen. Diese Qualitäten zeigen sich nicht offen im täglichen Leben, aber sie sind immer präsent und wirken in Form von verborgenen Kräften.

Die chinesische Zwölfjahresperiode ist mit dem Transit des Planeten Jupiter verbunden, und jedes chinesische Mondjahr entspricht in der westlichen Astrologie fast der Länge des Jupiter-Transits durch ein Tierkreiszeichen.

Jupiter steht in der westlichen Astrologie immer in dem Zeichen, das traditionell dem Tier im chinesischen Horoskop entspricht.

Chinesisches Element des Jahres 2024, Holz

Das Element des Jahres 2024 ist Holz. Holz ist ein kreatives Element. Wenn dieses Element aufgrund deines Geburtsjahres auf dich zutrifft, solltest du diese Energien kreativ kanalisieren.

Holz symbolisiert Mitgefühl und Toleranz. Wenn Sie sich diese Energien zunutze machen wollen, ist es wichtig, sich das ganze Jahr über mit natürlichen Pflanzen, Blumen und grünen Gegenständen zu umgeben.

Holz ist ein Element, das mit der Fähigkeit zu projizieren und Entscheidungen zu treffen verbunden ist; daher wird das Jahr 2024 ein Jahr der Entwicklung, der Evolution und des Aufblühens sein.

Dieses Element hat mit Verdauung, Atmung, Herz und Stoffwechsel zu tun und sorgt in der traditionellen chinesischen Medizin für einen kontinuierlichen Energiefluss. In Bezug auf die Gefühle bedeutet dies, dass wir unsere Emotionen richtig ausdrücken.

Holz wird uns im Jahr 2024 helfen, Bewusstsein und Verständnis für die objektive Realität zu gewinnen. Es wird uns Festigkeit und Einfühlungsvermögen in unseren Beziehungen bringen.

Holz, das mit unserer Persönlichkeit zusammenhängt, wird uns die richtige Dosis an Enthusiasmus, Entschlossenheit und Dynamik bringen, damit wir in der Lage sind, zu handeln und alle Herausforderungen dieses Jahres zu meistern.

Holz ist das Element, das wir in diesem Jahr brauchen, um die notwendigen Entscheidungen treffen zu können, für Veränderungen, die wesentlich sind.

Dank dieses Elements werden wir über die richtigen Strategien und die Fähigkeit verfügen, alle Prozesse zu organisieren und zu kontrollieren, aber wir werden auch flexibel bleiben.

Obwohl dies das Element des Jahres 2024 ist, müssen Sie, wenn Sie ein Unternehmen haben und wollen, dass es floriert und wirtschaftlichen Reichtum hat, die anderen Elemente berücksichtigen.

Im Geschäftsleben ist **das Element Wasser** das wichtigste Element, denn es steht für Überfluss, Reichtum, Macht und die Fähigkeit, Geld zu verwalten, anzuhäufen und zu sparen.

Wasser darf nicht stagnieren. Es sollte nicht in einer Vase stehen, wenn das Wasser nicht jeden Tag gewechselt wird, denn wenn es stagniert, wird der Gewinn geschmälert und die Kunden vergrault.

Wasser muss fließen, damit Geld fließen kann. Wenn Sie einen Pool haben, muss er gereinigt werden, und wenn Sie einen Springbrunnen haben, muss er den Zyklus von Eintritt und Austritt erfüllen. In einem Aquarium muss es in Bewegung sein und mit Sauerstoff angereichert werden. In den Leitungen muss es fließen, mindestens einmal am Tag muss man es fließen lassen, indem man den Hahn öffnet.

Jedes Unternehmen muss das Element Wasser in Bewegung halten, sonst kann es keine Waren anhäufen oder sich weiterentwickeln.

Selbst wenn es sich nur um ein kleines Aquarium oder einen Behälter handelt, bei dem das Wasser täglich gewechselt wird.

Das Wasser sollte sich am Eingang des Unternehmens oder im nördlichen oder nordwestlichen Bereich des Unternehmens befinden, wo das Geld aufbewahrt wird oder wo die Verwaltung des Unternehmens stattfindet.

Das Element Feuer sollte in einem Unternehmen im Süden des Gebäudes platziert werden.

Sie kann am Eingang, am Ende oder an den Seiten des Gebäudes angebracht sein. Wenn es sich aber um ein Lebensmittelgeschäft handelt, kann es überall sein.

Feuer symbolisiert Beliebtheit und die Art von Überfluss, die sich nicht anhäuft, daher muss Wasser auf der gegenüberliegenden Seite des Feuers verwendet werden, denn Feuer zieht Kunden an, und Wasser hält den wirtschaftlichen Fluss aufrecht.

Das Element **Erde** ist ursprünglich, denn es ist die Basis, aus der sich alles speist.

Zwei verzierte Gefäße mit Trockenblumen oder ein Steinsockel können das Element Erde symbolisieren.

Die Erde muss in der Konstruktion vorhanden sein, aber auch in der Mitte des Raumes, oder im Südosten gelegen, weil es ist, wo es sich am besten zum Ausdruck bringt. Erde gibt Sicherheit, muss aber von Feuer im Süden und Wasser im Norden begleitet werden.

Die Erde ist stabil, formbar und das Spiegelbild des gesamten Planeten.

Wenn Sie ein Unternehmen gründen wollen, um zu überleben, genügt es, sich um das Element Erde zu kümmern.

Das Element Metall ist sehr dynamisch und aktiv und bietet vielfältige Möglichkeiten im Geschäftsleben. In der Vergangenheit wurde Metall in China als Gold angesehen.

Das Element Metall steht für Stärke und Macht, Kontinuität, Sicherheit und Reichtum,

Seine Position ist der Westen, und vergessen Sie nicht, dass Metall zusammen mit dem Kristall jede Einstiegs- und Ausstiegsposition eines Unternehmens stärkt.

Das Holzelement ist trotz seiner Zerbrechlichkeit die Grundlage der Konstruktion.

Holz sollte im Osten des Geschäfts platziert werden, aber es ist ratsam, es diametral zum Metall zu platzieren.

Metall im Westen, Holz im Osten, Feuer im Süden, Wasser im Norden und Erde in der Mitte, so dass Ihr Unternehmen immer erfolgreich sein wird.

Die Bedeutung der Elemente im chinesischen Horoskop

Element Metall

Menschen, die in den Jahren geboren sind, die im chinesischen Horoskop auf 0 oder 1 enden, werden dem Metallelement zugeordnet. Metall, das Material, aus dem Schilde und Schwerter hergestellt werden, ist das Element, das Festigkeit und Ehrlichkeit, aber auch Strenge symbolisiert.

Metall ist das Element des Herbstes, der Jahreszeit der Ernte und des Überflusses. Es ist dual wie die Funktionen seines Elements, denn in Form eines Schwertes verflüssigt es, und als Löffel nährt es.

Metall kommt aus der Erde, wird von Feuer beherrscht und verklärt Holz.

Die Persönlichkeit dieser Personen, die dem Metallelement angehören, neigt dazu, stark ambivalent zu sein. Sie kommen am besten zurecht, wenn sie allein sind, denn sie sind niemandem Rechenschaft schuldig.

Sie sind entschlossen, gestalten ihr Schicksal selbst, sind stur, professionell und gleichgültig gegenüber jedem Versuch eines Kompromisses. Ihre Freiheit steht an erster Stelle, und es ist sinnlos, sie unter Druck zu setzen, geschweige denn ihnen zu helfen, denn sie hören auf niemanden und lassen sich von niemandem einschränken oder behindern. Sie verlassen sich nur auf sich selbst und lassen sich von niemandem beeindrucken, denn sie sind mächtig und fähig, Großes zu vollbringen.

Für sie gibt es keine Schwierigkeiten, die sie aufhalten können, und selbst wenn eine Situation unhaltbar wird, leisten sie bis zum Ende Widerstand. Sie sind ehrgeizig und berechnend, sie lieben Geld, Macht und Erfolg und werden keine Mittel scheuen, um ihre Ziele

zu erreichen, auch wenn das bedeutet, dass sie
Beziehungen zerstören.

Sie eignen sich für Berufe, in denen sie ihr Element
zum Ausdruck bringen können: Juweliere, Finanziers,
Versicherungen jeglicher Art, Schlosser, Bergleute,
Chirurgen, und für alle Bereiche, in denen sie sich von
anderen unterscheiden können. Sie können auch in
Berufen erfolgreich sein, die mit Holz oder Papier zu
tun haben. Berufe, die mit Wasser zu tun haben, sind
vorteilhaft, Berufe, die mit Erde zu tun haben, können
zu Konflikten führen, und von Berufen, die mit dem
Element Feuer zu tun haben, sollten sie sich
fernhalten.

Sie sind nicht an Gefühlen interessiert und lassen sich
von den Schwierigkeiten anderer nicht beeindrucken,
bis hin zur Manipulation, wenn sie sich einen Vorteil
verschaffen können. Die Leidtragenden sind vor allem
die Menschen des Holzelements, da es sie mit
frontalen Aggressionen manipuliert und unterdrückt.
Die Menschen des Wasserelements hingegen erhalten,
da sie empfänglich sind, einen wirksamen Anstoß, der
ihnen enorm zugutekommt. Die Einzigen, die sie

wirklich beugen können, sind Personen, die dem Feuerelement angehören, denn sie beherrschen ihre Unempfindlichkeit und Strenge mit einer ansteckenden Emotion.

Körperlich erkennt man einen Menschen des Metallelements an seinem traurigen Blick und der blutarmen Gesichtsfarbe. Sie sind zerbrechlich, anfällig für Stress und können durch Temperaturschwankungen und schlechte Ernährung beeinträchtigt werden. Deshalb sollten sie ihren Appetit anregen, wobei würzige Speisen im Vordergrund stehen sollten.

Die günstigste Jahreszeit für sie ist der Herbst, und während dieser Zeit können sie ihre Fähigkeiten maximal entwickeln, was aber nicht bedeutet, dass sie es übertreiben oder stur sein sollten. Er sollte weiße Kleidung tragen und Metalle und weißen Quarz als Amulette verwenden.

Metall ist starr und unnachgiebig und hat keine Angst vor Gefahren. Es ist eine unabhängige Art von Person, die, getrieben von Gier, geht mit Ausdauer, konzentriert sich auf den Erfolg, plant im Voraus, und verabscheut die spontane.

Wenn es einmal einen Weg eingeschlagen hat, ändert es ihn nicht mehr. Trotz ihrer äußeren Unempfindlichkeit strahlen Menschen dieses Elements eine Anziehungskraft aus, die von allen wahrgenommen wird, mit denen sie in Verbindung stehen. Um von ihren Fähigkeiten zu profitieren, müssen sie jedoch lernen, weniger dogmatisch zu sein, da dies ihre Beziehungen beeinträchtigt.

Menschen, die im Metallelement geboren sind, müssen sich erziehen, damit sie ihre Gefühle ausdrücken können. Wenn sie dies nicht tun, werden sie das Gefühl haben, dass ihre Energien vermindert sind.

Element Erde

Menschen, die in den Jahren geboren sind, die auf die Zahlen 8 oder 9 enden, gehören dem Erdelement an. Diesem Element entsprechen die Eigenschaften von Standhaftigkeit, Ausdauer und Fruchtbarkeit. Obwohl die Erde in der chinesischen Astrologie keine eigene Jahreszeit hat, ist sie im Kalender mit den letzten zwei oder drei Wochen der anderen Jahreszeiten verbunden.

Erde ist das Element, das für Stabilität und Greifbarkeit steht, aber bei einem Übermaß verwandelt es die Menschen in vorsichtige, misstrauische und starrköpfige Menschen und schränkt ihre Initiativen und Fantasien ein.

Der Mensch des Erdelements ist geduldig und bescheiden, arbeitet immer mit Beständigkeit, ohne sich einen Augenblick der Freude oder Unordnung zu gönnen. Er wird nie müde und kann ebenso eifrig und materialistisch wie naiv und umsichtig sein. Sein unbestreitbarstes Merkmal ist seine ausgeprägte Entmutigung. Er ist zu ernst, liebt es zu planen und zu lenken, ist entsetzt über Zufälle, und obwohl er intelligent ist und ein außergewöhnliches Gedächtnis hat, stört es ihn, glanzvoll zu erscheinen.

Unermüdlich nachdenklich, ehrgeizig und ängstlich, ist es so ausgesetzt, die Milz aufzuladen, ein Organ, das mit diesem Element verbunden ist und das geschwächt ist, wenn die Person eine scharfe Mentalität hat.

Die Person, die zu diesem Element gehört, zementiert persönliche Beziehungen allmählich, aber erträgt für eine lange Zeit. Es ist sehr hingebungsvoll und Verteidiger in der Liebe, immer bereit, Vertrag und erfüllen ihre Verantwortung, und obwohl es nicht demonstrativ in ihren Gefühlen ist eine Schulter, die immer aufgezählt werden kann, weil es an Ihrer Seite in den Momenten, die Sie brauchen es sein wird.

In ihrer Arbeit sind sie ernsthaft und zurückhaltend, aber auch organisiert und zuverlässig. Sie sind die richtigen Leute, um Geschäfte mit Moral, Sparsamkeit und feuerfester Ehrlichkeit zu führen. Ihr logisches Denken macht sie zu unschlagbaren Vermittlern bei Problemen, die mit ihren eigenen praktischen und günstigen Auswegen dazu beitragen. Sie eignen sich für Berufe, die Geschicklichkeit erfordern, aber keine Initiative erfordern, oder für Führungssituationen.

Obwohl sie wegen ihrer Launenhaftigkeit und Nostalgie und ihrer Unfähigkeit, fröhlich zu sein, nicht leicht zu ertragen ist, verbindet sie sich gut mit dem Metallelement, dem sie Stabilität verleiht, und mit dem Wasser, das sie geschickt zu bändigen und zu lenken weiß.
Normalerweise hat es Konflikte mit dem Holzelement, da es zwar schützt, aber manchmal auch erstickt, und mit dem Feuer, das es sowohl antreibt als auch schwächt.

Das Erdelement ist mit dem Planeten Saturn verbunden. Sie müssen sehr vorsichtig sein mit dem Verzehr von Süßigkeiten, etwas, das Sie lieben, da es mit Ihrem Element verbunden ist. Sie sollten immer die natürliche Süßigkeit wählen und die Verwendung von weißem Zucker begrenzen, da dieser das Kalzium in ihrem Knochensystem zerstört. Sein anderer Schwachpunkt ist das Verdauungssystem, das ihn in der Regel stark bestraft, deshalb sollte er eine leichte und leicht verdauliche Ernährung einhalten. Es wird empfohlen, den direkten Kontakt mit Mutter Erde zu suchen, indem sie barfuß im Sand oder auf dem Feld laufen.

Seine Glücksfarbe ist gelb, und sein Quarz ist Topas und Citrin.

Die Erde steht für Wohlstand, Vernünftigkeit, Materialismus und Sicherheit. Diese Menschen neigen dazu, introspektiv zu sein, was ihnen eine große Fähigkeit zum Nachdenken verleiht. Die Erde ist das Gefäß des Lebens und das Siegel in einer unauslöschlichen Weise zu denen unter dem Einfluss dieses Elements geboren, da sie stabile Menschen sind, in denen Sie delegieren können.

Die Erde nährt sich vom Feuer und erzeugt eine große Energie, die Metall erhitzt und schmilzt, Wasser bändigen und von Holz verzehrt werden kann.

Um sich wohlzufühlen, braucht der Mensch des Erdelements materielle Sicherheit, obwohl er fleißig, formal und organisiert ist.

Man kann ihnen vorwerfen, dass sie überheblich sind, aber sie kommen ihren Zielen langsam näher und erzielen stabile Ergebnisse.

Element Feuer

Menschen, die in den Jahren geboren sind, die auf 6 oder 7 enden, entsprechen dem Feuerelement. Zu diesem Element gehören Leidenschaft, Mut und Führung. Das Feuerelement ist das Element der Sommersaison, in der alles fruchtbar wird und seine Vollendung findet. Es ist mit dem Planeten Mars verbunden, der wohltuend, aber manchmal impulsiv ist. Es ist übermäßig steril und symbolisiert die Person, die sich auszeichnet, aber auch andere schlecht behandelt. Kämpferisch, eitel und reizbar, geht die Person dieses Elements von Wut zu ungezügelter Freude über.

Seit seiner Kindheit hat er eine Führungspersönlichkeit, Ehrgeiz ist in seinem Leben präsent, er liebt Gefahren, Lachen, Begeisterung und Konflikte. Schwierigkeiten entmutigen ihn nicht, sondern spornen ihn an, weiterzumachen, und in diesen Fällen durchläuft er eine heftige Metamorphose.

Diese Menschen sind zum Gewinnen geboren, aber sie wissen nicht, wie sie es zugeben sollen, weil sie es nicht schaffen, sich selbst zu beobachten und ihre Energien zu nutzen. Sie sind großartig im militärischen Bereich, im Sport und als Chefs, da die anderen vor ihrem Charisma untergehen. Sie verstehen es, die Energien des Holzelements zu nutzen, indem sie ihre Genialität in den Dienst ihrer Sache stellen und in den Menschen des Erdelements den lebenswichtigen Mut zum Vorwärtskommen wecken. Menschen, die dem Wasserelement angehören, neigen dazu, ihre Leidenschaft auszulöschen, und Menschen, die dem Metallelement angehören, stellen sie mit einer Starrheit auf die Probe, die ihr Energiefeld auslaugt.

Das am leichtesten geschädigte Organ bei diesen Menschen ist das Herz, es besteht die Möglichkeit einer Tachykardie. Darüber hinaus können sie von Korund Darmprobleme leiden. Sie sollten Kleidung in hellen Farben tragen, unter denen Rot überwiegt, und als Amulette Quarze wie Granate und Hämatit verwenden. Sie sollten auch Weihrauch und Kerzen verwenden.

Diese charismatischen, leidenschaftlichen und opportunistischen Menschen kommunizieren gut und sind handlungsorientiert. Ihr Egoismus und ihr Wunsch nach Erfolg sind unberechenbar und sie verlassen sich nur auf ihre eigenen Ansichten. Sie neigen dazu, Details zu vernachlässigen, da sie manchmal stur sind und Ziele anstreben, die intensive Arbeit erfordern.

Menschen, die unter dem Einfluss des Feuerelements geboren sind, sind positiv, geben immer ihr Bestes und engagieren sich in allem, was sie tun, mit Liebe und Willen. Ihre Energien dienen dazu, diejenigen um sie herum zu unterstützen, denen es daran mangelt.

Das Feuer heizt das Haus, es ermöglicht uns die Zubereitung von Speisen. Dieses Element nährt die

Erde durch die Asche, es ernährt sich von trockenem Holz, d.h. Holz, seine Hitze beherrscht das Metall, d.h. es macht es flexibel, und es kann nur von Wasser beherrscht werden.

Eine Führungspersönlichkeit hat immer ein Übermaß an Feuerelementen und neigt dazu, schnelle Entscheidungen zu treffen. Er fühlt sich zu unkonventionellen Ideen hingezogen, hat keine Angst vor Gefahren und ist immer in Bewegung.

Es ist wichtig, dass Sie lernen, emotionale Intelligenz zu besitzen, denn Arroganz kann Ihren Egoismus verstärken und Sie unkontrollierbar machen, besonders wenn Sie auf Hindernisse stoßen.

Dieser selbstzerstörerische Stil ist vor allem bei Jugendlichen verbreitet.

Erfolg begleitet die Menschen des Feuerelements, aber sie sollten sehr vorsichtig mit Instabilität und Unruhe sein, die die häufigsten Unzulänglichkeiten der Feuergeborenen sind.

Es ist besser, diese Fehler zu beherrschen, um nicht von ihnen versklavt zu werden.

Sie sollten sich einen ruhigen Ort suchen, an dem sie zur Ruhe kommen können, und auch Meditation wird sie ins Gleichgewicht bringen.

Menschen mit dem Feuerelement sind hartnäckig und lukrativ.

Element Holz

Menschen, die in den Jahren geboren sind, die auf die Zahlen 4 oder 5 enden, gehören dem Element Holz an. Holz ist das Element, das Harmonie, Schönheit und Kreativität symbolisiert. Sie haben ein sehr hohes Maß an Selbstvertrauen und einen eisernen Willen, was sie zu den richtigen Menschen macht, um für eine gerechte Sache zu kämpfen.

Holz ist mit dem Planeten Jupiter verbunden, es ist das günstigste der Elemente, Symbol für Beständigkeit und Wissen. Anpassungsfähig biegt es bequem, und hat mehrere Anwendungen, die kommunikativ, geben und ehrliche Menschen zu charakterisieren.

Menschen mit dem Holzelement sind kreativ und vital, aber manchmal sind sie zerstreut und nicht in der Lage, ihren Weg zu finden und ihre Ziele zu erreichen. Sie vertrauen anderen bis hin zur Unschuld, sind gerne mit allen zusammen und entdecken immer neue Dinge, die sie preisgeben und sich selbst befriedigen können. Sie fühlen sich zur Natur und zu Kindern hingezogen und geben der Familie den Vorrang. Gelegentlich neigen sie dazu, unrealistische Erwartungen zu stellen, ihren Körper herabzusetzen, zu viel zu essen und sich in Leidenschaft und Sinnlichkeit zu verlieren.
Sie sind es gewohnt, Partner aus dem Wasserelement zu wählen, von denen sie Mut und Unterstützung erhalten, und solche aus dem Feuerelement, die sie mit ihren brillanten Ideen versorgen.
Es verträgt sich nicht sehr gut mit dem Metallelement, das es gnadenlos zerstört.

Das Element Holz erkennt man an seiner grünlichen Farbe. Diese Menschen sollten sich um ihre Augen kümmern.

Holz wird verwendet, um Unterkünfte zu bauen, so dass es uns schützt. Holz deckt sich mit der Kreativität des Wassers, und dank dieser Eigenschaft verstehen und helfen sie anderen.

Diejenigen, die unter dem Holz-Element geboren sind, haben innere Konflikte, um sich Regeln und Traditionen zu unterwerfen, wo strenge Urteile ständig in Kraft sind. Dieses Element nährt das Wasser und ist gleichzeitig Brennstoff für das Feuer. Seine Energie wird von der Erde aufgesaugt und vom Metall unterjocht.

Menschen mit dem Element Holz erringen immer große Erfolge und haben eine begehrte Struktur. Ihre Berufe sind vielseitig. Sie legen großen Wert auf Integrität und streben danach, einen festen Platz im Leben zu finden. Der Glaube an den Erfolg und ihre analytischen Fähigkeiten geben ihnen die Fähigkeit, auch die komplexesten Probleme ohne Zögern anzugehen. Mit einer unglaublichen Überzeugungskraft agieren sie in vielen Bereichen, da sie stets auf Entwicklung und Veränderung abzielen.

Ihr natürlicher Wille hilft ihnen, voranzukommen, und sie finden immer Unterstützung und das nötige Kapital, da andere Menschen auf ihre Fähigkeit zählen, Ideen in Wohlstand zu verwandeln.

Sein Haupthindernis ist es, die Dinge auf die Spitze zu treiben. Wut und unterdrückte Wut wirken sich absolut negativ auf die Energien dieses Elements aus. In der Nähe von Bäumen zu sein und sie zu berühren, gleicht das Holzelement aus.

Bei der Arbeit sind Menschen, die dem Element Holz angehören, ordentlich, intelligent und einfallsreich. In kommerziellen Aktivitäten sind sie mehr fruchtbar, wenn die Arbeit ist Teamarbeit, und ist gut strukturiert.

Kein Arbeitsbereich, der mit ihrem Element zu tun hat, ist ungünstig, aber diejenigen, die mit Feuer zu tun haben, können sie bis zu einem gewissen Grad beeinträchtigen, und diejenigen, die mit Metall zu tun haben, werden sie ruinieren.

Element Wasser

Das unempfindlichste und gefühlloseste Element, das mit dem Winter, der Langlebigkeit und dem Planeten Merkur verwandt ist, ist der Herrscher der Kommunikation und der tiefen Zuneigung.

Ein Mensch mit dem Element Wasser ist sensibel, aber hermetisch. Er ist barmherzig, sentimental und zerbrechlich, hasst Kritik und entscheidet sich deshalb, im Verborgenen zu handeln, um sich zu schützen. Er ist herzlich, wortgewandt und gleichzeitig besonnen und weiß, wie man Rückschläge überwindet, ohne sich aufzuspielen, mit Gerissenheit, Scharfsinn und Ausdauer. Auf diese Weise erreicht er seine Ziele indirekt und im Stillen, wobei er den Eindruck erweckt, rücksichtsvoll und verständnisvoll zu sein.

Energiemangel ist ein Problem für das Wasserelement, wenn es nicht lernt, seine Hilflosigkeit mit der Kraft auszugleichen, die aus der Reflexion und der Kommunikation mit den tiefsten Teilen seines Wesens kommt. Panik ist immer die Leitschnur seines dramatischen Lebens, das oft in der Dunkelheit gelebt wird, aus Angst, sich zu zeigen und zu kämpfen.

Auf beruflicher Ebene ist er durch den Wettbewerb gehemmt, aber er leistet gute Arbeit an klaren und geschützten Orten wie Schulen, Buchhandlungen, Redaktionen oder überall dort, wo die Kommunikation, mündlich oder schriftlich, der primäre Mechanismus ist, und in der Gesellschaft von friedlichen Kollegen, die zu seiner Persönlichkeit passen, wie z.B. jemand vom Holzelement, mit dem der Wunsch nach Weisheit zusammenfällt, oder vom Metallelement, von dem er Entscheidungen erhält. Umgekehrt passt er sich weder an das Feuerelement an, das er auslöscht und entmutigt, noch an Personen, die dem Erdelement angehören, bei denen er sich eingeschränkt, konditioniert und behindert fühlt.

Schwarz ist die Farbe, die sie begünstigt, aber sie
sollten es mit Mäßigung verwenden, weil es dazu
neigt, sie zu entmutigen. Das gleiche geschieht mit
dunklem Quarz, die Glück anziehen, wie Jet, Onyx
und Turmalin. Um das Beste aus seinen Qualitäten zu
machen, ohne in die Extreme zu gehen, und um
Streuung zu vermeiden, sollte die Person des
Wasserelements seine Pläne im Winter beginnen.

In positiven Perioden vermitteln die
Liebesbeziehungen dieses Elements Zärtlichkeit,
Gleichmut und Vorsicht, Potentiale, die es ihnen
ermöglichen, sich mit der nötigen Klugheit zu
verhalten, um die Ursachen ihrer Konflikte zu
beseitigen, wenn sie auftreten.

Sie haben ein unglaubliches Denkvermögen,
obwohl ihre zurückhaltende, tiefe und trübe
Persönlichkeit sie zu Melancholie neigen lässt. Sie
zeigen auch Mangel an Sicherheit und Kühnheit.
Kreativität ist eine der Haupteigenschaften, die dieses
Element repräsentiert, ebenso wie Anpassung,
Sanftmut, Barmherzigkeit und Mitgefühl. Ohne

Wasser gäbe es keine Lebewesen auf der Erde, dieses Element ist rein und kristallin, Eigenschaften, die diejenigen haben, die zu diesem Element gehören.

Menschen, die diesem Element angehören, sind leutselig und haben einen wunderbaren Einfluss auf andere. Sie haben eine originelle Intuition, die es ihnen ermöglicht, schnell zu erobern. Ausdauer und Klarheit geben ihnen die Möglichkeit, Ereignisse vorherzusagen.

Sie können die Fähigkeiten anderer wahrnehmen und sie effektiv inspirieren, aber sie sind diskret und lassen andere nicht merken, dass sie sie nutzen.

Der Missbrauch von Natrium oder Alkaloiden und Lebensprototypen, die von den üblichen Strukturen abweichen, sind für Menschen, die im Wasserelement geboren sind, sehr schädlich. Die Einhaltung der Schlafzeiten, die Aufrechterhaltung einer entspannten geistigen und emotionalen Gesundheit und der Kontakt mit Wasser stellen ihre Harmonie wieder her und optimieren ihre Energien.

Diejenigen, die einem Wasserelementzeichen angehören, können Berufe ergreifen, die mit Holz und

Feuer zu tun haben, und erfolgreich sein, Berufe ausüben, die mit ihrem eigenen Element zu tun haben, und Berufe, die mit Erde zu tun haben, ablehnen, da Erde das Wasser unterdrückt.

Kompatibilität und Inkompatibilität

Sie sind kompatibel:

Ratte - Drache - Affe.

Sie stehen in Beziehung zueinander durch ihre Persönlichkeiten, die sehr aktiv und freundlich sind. Alle drei sind fleißig, ungeduldig, leidenschaftlich und ruhelos und haben stets hohe Ziele vor Augen. Sie stecken voller Ideen, haben die nötige Ausdauer und den Mut, sie umzusetzen, und kommen immer wieder mit innovativen, unerwarteten, überraschenden und kraftvollen Lösungen daher.

Tiger - Pferd - Hund.

Sie sind durch die Zufriedenheit verbunden, die sie empfinden, wenn sie zusammenarbeiten. Sie sind durch ihre Bescheidenheit, Würde, Ehrlichkeit und ihren hartnäckigen Altruismus verbunden. Einfühlsam, scharfsinnig und kommunikativ, wenn auch ein wenig gewalttätig und streng, kämpfen sie energisch gegen Ungleichheiten, Gewalt und Illegalität. Diese drei Zeichen verkaufen niemals ihr Gewissen.

Ochse - Schlange - Hahn.

Diese drei Zeichen eint ihre Förmlichkeit, ihre Vernunft und die Ernsthaftigkeit, die sie in ihrem Leben erreichen. Sie sind energisch, unternehmungslustig und unermüdlich, unflexibel in ihren Entschlüssen, sie überdenken und planen gerne in Ruhe, bevor sie Verpflichtungen eingehen, die sie später bereuen würden. Was ihnen fehlt, ist Kälte, denn für sie muss die Vernunft über die Gefühle siegen.

Kaninchen - Ziege - Schwein.

Drei emotionale Zeichen, die auch durch ihre Kreativität verbunden sind. Instinktiv, empfindlich, sensibel und zurückgezogen, passen sie sich leicht an ihren Lebensraum an, und als gute Profiteure macht es ihnen nichts aus, von anderen abhängig zu sein. Ihre täglichen Aussagen beinhalten immer die Worte: Perfektion, Allianz und Konformität.

Hinweis: Gegenüberliegende Zeichen sind gegenüberliegende Feinde:

Ratte -Pferd

 Ochse - Ziege

 Tiger - Affe

Kaninchen - Hahn

 Drache - Hund

 Schlange - Schwein.

Ziege

Eigenschaften

Die Ziege hat eine melancholische Persönlichkeit, die dann zum Vorschein kommt, wenn sie wirklich lange Zeit schweigend eine Art von Untreue ertragen hat. Sie beklagt sich nicht, es fällt ihr schwer, ihre Gefühle auszudrücken, und deshalb ist es für sie schwierig zu wissen, was sie bedrückt. Aus diesem Grund kann es vorkommen, dass er seine Gefühle plötzlich in übertriebener Weise zeigt. Menschen, die ihm nahestehen, nehmen Warnzeichen wahr, wenn sie etwas beleidigt.

Sie ist eine ausgezeichnete Arbeiterin, wenn sie nicht unter Druck steht; wenn sie unter Druck steht, blockiert sie. Sie fühlt sich bei ihrer Arbeit unsicher, wenn sie nicht ermutigt oder gelobt wird. Sie duldet keine Unwahrheiten, obwohl sie auch keine unverblümten Wahrheiten mag. Bei der Benotung ihrer Arbeit ist es besser, mit einem Lob zu beginnen und mit einem konstruktiven Tadel fortzufahren.

Gelegentlich finden wir sie in Führungspositionen. Wenn dies geschieht, hat die Ziege ein Gleichgewicht zwischen ihrer Verachtung und ihrem Misstrauen gefunden.

In der Liebe sind sie anhänglich, herzlich und sehr tolerant. Wenn sie richtig geliebt wird, kann sie der wunderbarste Partner sein, denn wenn die Ziege glücklich ist, überträgt sich das auf andere und macht das Leben für die Menschen um sie herum angenehmer. Wenn ihr jedoch etwas unangenehm ist, behält sie es für sich, und wenn man es am wenigsten erwartet, explodiert sie in einem nervigen Streit mit ihrem Partner.

Die Ziege ist sehr leidenschaftlich. Sie können nicht erkennen, wann sie es wirklich wollen oder wann es eine Laune ist. Ziegen sind sehr empfänglich für

Zuneigungsbekundungen und haben die Fähigkeit, jemanden zu lieben, der ihnen auch nur den kleinsten Hauch von Romantik vermittelt.

Traurig zu sein und mit ihren Gefühlen nicht umgehen zu können, ist ihre negativste Seite. Eine weitere ihrer Schwächen ist, dass sie es mit den Ausgaben übertreibt und das Geld verschleudert, als ob es ihr nicht gehören würde.

Die Ziege ist sympathisch für andere, verträgt keine Kritik, ihre Stimmungen sind wechselhaft und sie ist subjektiv.

Die Ziege hat fantastisches Glück, die Leute geben ihr oft Geld oder hinterlassen ihr ein Erbe. Die Ziege vergisst niemals Geburtstage oder andere besondere Anlässe, denn sie ist sehr traditionell.

Die Rückschläge machen sie so wütend, dass sie nicht in der Lage ist, sie zu überwinden.

Wenn es um Ästhetik geht, wird die Ziege Sie nicht täuschen, denn sie hat einen feinen und eleganten Geschmack und Eigenheiten. Aber vergessen Sie nicht, dass sie auch gerne viel Geld ausgibt und dass sie nicht praktisch ist. Wenn du als Aszendent ein Zeichen wie den Drachen, die Schlange oder den Tiger hast, ist es nicht ratsam, dass du Jobs machst, die übermäßige Verantwortung erfordern.

Alles, was grotesk ist, schreckt sie ab. Sie ist so harmoniebedürftig, dass ihre Stimmung von ihrer Umgebung abhängt. Die Ziege wirkt am besten in einer luftigen und reizvoll verzierten Umgebung. Sie braucht die Unterstützung von dynamischen und ehrlichen Menschen.

Das Pferd, das Schwein und der Tiger haben fröhliche Eigenschaften, die das Temperament der Ziege verbessern. Sie verträgt sich auch gut mit dem Hasen, dem Affen, dem Drachen, dem Hahn, der Schlange und auch mit einer anderen Ziege.

Ziegen

Metall Ziege

Metallziegen sind ehrgeizig, langsam und respektvoll gegenüber ihren Werten. Sie sind ein wenig stur und können sich nur schwer an die unerwarteten Umstände anpassen, die das Leben ihnen unerwartet in den Weg stellt. Manchmal ist das Glück jedoch auf ihrer Seite und sie gewinnen unerwartet Geld beim Glücksspiel oder bei Spekulationen. Das macht sie selbstbewusst und risikofreudig, was dazu führt, dass sie Geld verlieren, manchmal sogar beträchtliche Summen.

Sie sollten in den Aktienmarkt oder in Immobilien investieren, denn das ist der beste Weg, um ihr Geld in schwierigen Zeiten zu schützen.

Diese Ziege ist geschäftlich begabt, sie ist ehrgeizig und wenn etwas nicht so läuft, wie sie es geplant hat, sucht sie sofort nach einer Lösung.

Normalerweise halten sie sie für arrogant, aber in Wirklichkeit sind sie es nicht. Was passiert, ist, dass sie wissen, dass sie nichts zu verbergen hat, und wenn sie etwas Authentisches zu zeigen hat, tut sie das ohne Komplikationen.

Sie sind keine Menschen, die um den heißen Brei herumreden, sie sind direkt, und wenn sie an jemandem interessiert sind, lassen sie ihn das wissen. Ansonsten sind sie distanziert und trocken. Sie sind transparent, wenn es um ihre Gefühle geht.

Hölzerne Ziege

Waldziegen sind freundlich und zärtlich. Sie haben die Fähigkeit, eine Situation aus verschiedenen Blickwinkeln zu beurteilen und eine angemessene Entscheidung zu treffen. Sie investieren viel Energie, wenn sie verliebt sind, und wenn sie sprechen, sind sie sehr aufrichtig und direkt, d.h. transparent.

Manchmal halten sie oberflächliche Beziehungen aufrecht, weil sie Angst haben, ihren Gefühlen freien Lauf zu lassen. Sie tun dies aus einem Mangel an Sicherheit heraus. Sie sind zurückhaltend in ihrem Privatleben, aber freundlich und lustig mit anderen Menschen.

Sie haben die Fähigkeit, die Probleme anderer Menschen mit einer Weisheit zu lösen, die ihnen in ihren eigenen persönlichen Angelegenheiten oft fehlt. Sie sind charmant, methodisch, fleißig und haben einen sehr logischen Verstand.

Sie sind in der Lage, die komplexesten Sachverhalte zu analysieren. Allerdings sind sie manchmal so gründlich, dass sie die Umsetzung schwieriger Ideen verzögern. Sie sind in der Lage, alle Aspekte einer Situation zu betrachten, so dass es für sie schwierig ist, feste Schlussfolgerungen zu ziehen.

Ihr Interesse an Spitzenleistungen führt sie zu herausragenden Leistungen. Sie sind gut in Berufen, die mit Zahlen zu tun haben. Die Logik ist ihr bester Partner.

Wasserziege

Wasserziegen haben eine anpassungsfähige und freundliche Persönlichkeit. Sie sind empfänglich für die Gefühle anderer und gehen taktvoll mit dem Leid anderer um. Sie werden von ihren Mitmenschen geliebt, weil sie einen sympathischen, liebevollen und herzlichen Charakter haben, und sie sind keine Bedrohung für diejenigen, die eine Autoritätsposition anstreben.

Sie neigen dazu, sich sehr leicht an die Umstände anzupassen, und ergreifen nicht gerne die Initiative, um ein Problem zu lösen. Sie kümmern sich mehr um die Probleme anderer Menschen als um ihre eigenen. Wasserziegen neigen dazu, mehr emotional als rational und mehr reflektierend als geistig zu leben.

Sie fühlen sich nicht gerne abgeschottet und halten sich nicht an Konventionen. Aber sie haben auch nicht genug Energie und Motivation, um gegen die etablierte Macht zu kämpfen. Meistens ziehen sie sich in eine Fantasiewelt zurück, in der ihre Potenziale ihnen Vorteile verschaffen können.

Sie verfügen über ein großes künstlerisches Talent. Sie opfern normalerweise ihre Zeit, um jemandem in Not zu helfen, und das macht sie in ihrer Umgebung sehr beliebt. Wenn sie sich verlieben, sind sie sehr treu und geben sich dieser Person hin, ohne darüber nachzudenken. Für sie gilt das Sprichwort "bis dass der Tod uns scheidet".

Feuerziegen

Feuerziegen sind unternehmungslustig, und es macht ihnen Spaß, ein Projekt zu starten oder an einer neuen Idee teilzunehmen. Zu sehen, wie ein Projekt wächst und ein hohes Niveau erreicht, ist einer der größten Anreize, die eine Ziege erleben kann.

Ihre Führungsqualitäten ermöglichen es ihr, Teams zusammenzustellen, die hoch motiviert sind und ihre Ziele verfolgen. Sie ist sehr mutig und aggressiv und setzt sich für jeden in ihrer Umgebung ein. Sie hat keine Vorlieben, egal ob es sich um Freunde oder Arbeitskollegen handelt. Wer es wagt, einer von ihr geschätzten oder geliebten Person zu schaden, kommt nie ungeschoren davon.

Feuerziegen sind sehr risikofreudig und können sehr gut mit Provokationen umgehen, sie fühlen sich nie bedroht und geben auch in einem Kampf nicht auf. Manchmal ist ihre Ausdauer nicht positiv, denn wenn sie die Mittel zum Erfolg haben, ist ihre Energie erschöpft und sie verlieren an Vitalität.

Einige dieser Ziegen sind nicht sparsam und lieben es, Feste zu feiern und zu feiern, was dazu führt, dass sie große finanzielle Investitionen tätigen, weil sie bei jedem gesellschaftlichen Anlass neue Kleidung kaufen.

Erde Ziege

Die Erd Ziege legt großen Wert auf Traditionen und Stabilität. Sturheit ist ebenfalls tief verwurzelt. Sie sind Meister der Vernunft, und es ist sehr schwierig für diese Ziegen, Standpunkte zu sehen, es sei denn, sie sind die gleichen wie ihre eigenen. Sie sind sehr anspruchsvolle Menschen mit einer großen emotionalen Energie.

Diese Ziege ist auch ein Optimist, und ihr Wunsch nach Erfolg in Verbindung mit ihrer Fähigkeit zu kämpfen, ermöglicht ihr eine größere Bereitschaft, Disziplin und die Verwirklichung ihrer transformativen Ideale.

Im Bereich der Liebe ist die Erd Ziege mit einer unvergleichlichen Fähigkeit ausgestattet, andere zu verstehen, Mitgefühl und Solidarität mit dem Schmerz anderer zu zeigen. Sie fühlen sich zu Menschen hingezogen, die schwierig sind oder zusätzliche Arbeit erfordern, um sie für sich zu gewinnen.

Manchmal wechselt sie zwischen Momenten der Geschwindigkeit und der Langsamkeit. Manchmal, wenn sie gelähmt ist, wird sie zu einer zerstörerischen Kraft.

Vorhersagen 2024

Ziege

Sie sind ein sehr geselliger Mensch und werden das Jahr 2024 in Begleitung Ihrer Familie und Ihrer besten Freunde mit viel Spaß verbringen, aber Sie werden auch entspannte und ruhige Phasen durchleben, in denen Sie sich abkapseln, um bei sich selbst zu sein.

Sie werden Einladungen aller Art erhalten, um Gruppen beizutreten. Sie müssen unbedingt lernen, nein zu sagen, und wenn Sie die Ausgaben zu Hause reduzieren wollen, müssen Sie Mahlzeiten, Partys und Abendessen in Restaurants einschränken. Dort können Sie einer Menge Geld entkommen.

In der Liebe wird 2024 ein schwieriges Jahr sein. Wenn Sie ein Paar sind, wird die Beziehung anfällig für Instabilität sein. Sie werden durch gute und schlechte Monate gehen. Sie haben sich zu sehr auf Ihre Probleme konzentriert, und Ihr Partner hat sich vielleicht traurig und verlassen gefühlt. Sie sollten diese Situation in einem sehr ehrlichen Gespräch klären. Die Gefühle müssen wiederhergestellt werden. Es ist noch nicht alles verloren, aber es wird schwierig werden.

Wenn Sie alleinstehend sind, werden Sie sehr attraktiv und anziehend sein. Sie könnten sporadische Partner haben, aber was Sie wirklich glücklich machen würde, ist, Ihren Seelenverwandten zu finden. Dies ist nicht der beste Zeitpunkt, um sich zu binden. Seien Sie vorsichtig mit Menschen, die sich Ihnen aus Interesse nähern könnten.

Bei der Arbeit wird es ein wenig kompliziert sein. Sie müssen diskret sein, um Konfrontationen mit Ihren Chefs zu vermeiden, vermeiden Sie jeden Konflikt. Sie werden kämpfen müssen, um das zu behalten, was Sie bisher erreicht haben. Wenn Sie einen Job suchen, schauen Sie sich an mehreren Stellen gleichzeitig um, damit Sie bequem wählen können.

Wenn Sie ein eigenes Unternehmen gründen wollen, sollten Sie sich nicht blind auf Ihre Partner verlassen, sondern sich gut beraten lassen, eine Marktstudie erstellen und alle Unterlagen von einem Anwalt prüfen lassen.

Im Jahr 2024 sollten Sie sparsamer und vorsichtiger sein, um nicht bankrott zu gehen. Geben Sie nicht unnötig Geld aus, denn wenn die wirtschaftliche Instabilität Sie so nervös macht, sollten Sie es vermeiden, in Panik zu verfallen.

In diesem Jahr werden Sie Glück im Glücksspiel haben, vergessen Sie nicht zu spielen, denn das Glück kann Sie besuchen.

Ihre Gesundheit wird ein wenig schwach sein, aber das liegt am Stress. Sie werden ängstlich sein und das wird sich auf Ihre Gesundheit auswirken. Durch die Somatisierung Ihrer nervösen Zustände könnten Sie Bauchschmerzen bekommen. Am besten ist es, sich von einem Psychologen helfen zu lassen.

Im Jahr 2024 werden Sie sehr mit Ihren häuslichen Angelegenheiten und Familienproblemen beschäftigt sein. Seien Sie besorgt, aber seien Sie nicht ängstlich. Lernen Sie, Probleme mit Perspektive zu sehen, alles hat eine Lösung und Sie werden es schaffen, sie zu lösen. Darüber hinaus werden Sie gemeinsame Familienprojekte, Ausflüge und Aktivitäten haben.

Kombination der Tierkreiszeichen mit dem chinesischen Horoskop

Wenn man östliche und westliche Horoskope kombiniert, ist es erstaunlich, wie sehr sie miteinander verbunden und genau sind.

Chinesische und westliche Horoskope sind die am häufigsten verwendeten Horoskope. Wenn Sie die Möglichkeit haben, sie gründlich zu verstehen, wird es für Sie einfacher sein, sie zu nutzen und einen zentralen Ansatz zu verfolgen.

Beide Horoskope basieren auf der Position der Sterne, aber im chinesischen Horoskop werden 28 Sternbilder verwendet, im westlichen Horoskop 88. Das chinesische Horoskop basiert auf 12 Tieren, die jedes Jahr regieren, und das westliche Horoskop basiert auf 12 Zeichen, die jeden Monat regieren.

Das chinesische Horoskop basiert auf dem Mondkalender und ist das älteste bis heute bekanntes Horoskop. Ihr Sternzeichen stimmt wahrscheinlich mit Ihrem Zeichen im chinesischen Horoskop überein, aber das kommt nicht oft vor. Wenn das der Fall wäre, wären die Vorhersagen genauer.

 Zwischen den Zeichen beider Horoskope besteht eine Gleichwertigkeit:

Widder/Drache, Stier/Schlange, Zwillinge/Pferd, Krebs/Ziege, Löwe/Affe, Jungfrau/Wildschwein, Waage/Hund, Skorpion/Schwein, Schütze/Ratte, Steinbock/Steinbock, Wassermann/Tiger und Fische/Kaninchen.

Kombinationen

Ziege

Widder/ Ziege

Dieser Mensch ist stark und entschlossen. Er ist stur und kümmert sich nicht viel um die Probleme anderer Menschen. Er ist ehrgeizig und strebt beharrlich nach Erfolg.

Menschen mit dieser Kombination sind immer aktiv, tun etwas oder warten auf etwas. Es ist sehr freundlich und weigert sich, an menschliche Bosheit zu glauben.

Stier / Ziege

Diese Menschen zeichnen sich durch ihre positive Einstellung aus. Von Zeit zu Zeit treten sie zurück, um in Ruhe über wichtige Probleme nachzudenken. Sie können die Aufregung nicht ertragen, handeln mit Besonnenheit und Überlegung.

Sie lösen jeden Konflikt durch Nachdenken, um unnötige Verluste zu vermeiden. Sie geben kein Geld aus, ohne zweimal darüber nachzudenken und haben eine sehr hohe Intelligenz und Intuition.

Zwillinge/ Ziege

Diese Menschen sind umgänglich und bestechen durch ihre unermüdliche Fröhlichkeit. Sie bevorzugen eine familiäre Atmosphäre, fernab von Hektik und Trubel und verabscheuen klatschsüchtige Menschen.

Man kann ihnen vertrauen, denn sie sind ehrlich und wissen nicht, wie man lügt und betrügt. Sie sind intelligent und versuchen, in jedem Projekt erfolgreich zu sein. Sie sind nicht anfällig für Verschwendung, aber sie helfen ihren Verwandten finanziell und mit Rat.

Krebs/ Ziege

Er ist ein freundlicher, entgegenkommender Mensch. Er geht Konflikten immer aus dem Weg und ist sehr geschickt darin, seine Unzufriedenheit zu verbergen. Er ist verletzlich, aber trotz seiner geistigen Schwäche sehr vorsichtig.

Er schützt seinen persönlichen Raum sorgfältig, sein Zuhause ist sein Heiligtum, und dort sucht er Zuflucht, wenn er in Schwierigkeiten ist. Er ist bekannt für seine Fähigkeit, aufrichtig, aber freundlich zu reagieren.

Löwe / Ziege

Diese Menschen stehen gerne im Mittelpunkt der Aufmerksamkeit, sind bewundernswert und haben Weisheit.

Wenn sie arbeiten, dann immer mit dem Ziel, ein hohes Ziel zu erreichen. Ihre Weisheit und ihr Scharfsinn helfen ihnen, Fehler zu vermeiden, und in Notfällen haben sie die Fähigkeit, auf sehr kluge

Strategien zurückzugreifen. Sie mögen Luxus und wissen, wie man mit Eleganz lebt.

Jungfrau/ Ziege

Dies ist eine sehr vernünftige Person. Er hat die Fähigkeit, logisch zu denken und ist im Geschäftsleben pragmatisch.

Sie sind rational, können aber auch launisch und unbeständig sein. Sie lieben es, Kommentare abzugeben und Ratschläge zu erteilen, und sie haben ein angeborenes Talent, jeden Fehler zu erkennen, so dass sie ihre Handlungen und die ihrer Kollegen bis ins Detail überwachen. Die Menschen in ihrem Umfeld bewundern ihre Bemühungen und behandeln sie mit Respekt. Diese Menschen haben normalerweise keine Feinde.

Waage/ Ziege

Diese Menschen sind sehr gesellig und freundlich zu anderen. Sie haben viele verborgene Talente, aber sie neigen zu den Künsten. Sie mögen luxuriöse Dinge und werden gerne von eleganten Menschen begleitet. Sie versuchen mit allen Mitteln, ein vernünftiges Gleichgewicht zu halten und nicht in Niedertracht zu verfallen. Sie haben die Fähigkeit, ihre Verantwortung für andere zu tragen. Sie passen sich leicht an Veränderungen an und nehmen jede Veränderung positiv wahr.

Skorpion/ Ziege

Diese Menschen haben eine außergewöhnliche Intuition, sie erkennen leicht falsche Menschen und es ist buchstäblich unmöglich, sie zu belügen. Sie sind loyale Menschen,

Sie sind nicht böse, sie versuchen tapfer zu sein, und gleichzeitig haben sie Zweifel und werden von ihrer Zahlungsunfähigkeit gequält. So vorsichtig bewachen ihre Geheimnisse so sorgfältig, dass niemand in die Tiefen ihrer Seele eindringen kann.

Schütze/ Ziege

Dies ist die Person, die immer auf dem neuesten Stand der Entwicklung ist. Er ist einfühlsam und ehrgeizig bei allem Neuen. Er denkt unkonventionell und überrascht andere manchmal mit seinen unvorhergesehenen Aktionen.

Sie weichen Hindernissen geschickt aus, haben immer einen Plan B parat, denn ihre kluge Mentalität hilft ihnen in schwierigen Situationen. Sie mögen es nicht, sich zusätzliche Verpflichtungen aufzuerlegen, und manchmal sind sie gute Ratgeber.

Steinbock / Ziege

Dies ist eine Mischung, bei der Beharrlichkeit ein Synonym für diese Menschen ist. Sie haben keine Angst vor irgendetwas und geben niemals auf, selbst wenn es ernst wird. Es ist unwahrscheinlich, dass diese Menschen aufgeben, und sie planen und berechnen alles bis ins kleinste Detail.

Sie sind nie beleidigt, wenn sie kritisiert werden, und verstehen es, Menschen mit schlechtem Charakter zu beschwichtigen. Sie verteidigen die Wahrheit bis zur letzten Konsequenz, auch wenn sie ihren Interessen zuwiderläuft.

Wassermann / Ziege

Diese Menschen sind absolut auf ihre Gefühle fokussiert, sie sind ehrlich, sie sind redegewandt und können ihre Meinung jedem mitteilen.

Er ist ein emotionaler Mensch, der Schönheit sehr leicht empfindet. Er hat nie vorgehabt, Fremde in sein Privatleben zu lassen, weil es für ihn viel angenehmer ist, gute Beziehungen zu pflegen und nicht an jedem zu hängen. Er liebt es, mit seinen Verwandten zu teilen. Er plant sein Gesamtbudget vernünftig, ist nicht gierig und gibt kein Geld für Unfug aus.

Fische / Ziege

Menschen mit dieser Kombination haben einen ruhigen Charakter. Sie schätzen Komfort, lieben ihr Zuhause und sind mit ihren Familienmitgliedern sehr verbunden. Manchmal idealisieren sie ihre Freunde, erwarten Verständnis und Hilfe von ihnen in schweren Zeiten. Sie dulden keine Lügen und keinen Verrat. Sie haben einen ausgeprägten Sinn für Gerechtigkeit und lehnen Grausamkeiten strikt ab. Sie verbinden erfolgreich Geschäft und Vergnügen.

Dekorieren Sie Ihr Zuhause nach Feng-Shui

Feng Shu ist eine chinesische Philosophie, die sich mit der Umwelt befasst und auf der Theorie von Yin und Yang und den fünf Elementen basiert.

Experten haben gezeigt, dass im alten China regelmäßig Gebiete gewählt wurden, die von Bergen umgeben waren und einen Fluss besaßen.

Aber nicht, weil diese Zonen die Hauptkriterien für das Überleben darstellten, sondern weil sie dies taten, um den vom Feng-Shui festgelegten Mustern zu entsprechen.

Die Hauptidee des Feng-Shui ist es, ein Gleichgewicht zwischen dem Menschen und dem Universum herzustellen. Wenn es gute Energien gibt, gibt es ein Gleichgewicht, da Feng-Shui das Schicksal eines jeden Menschen beeinflusst.

Durch das Studium des Feng-Shui können die Menschen an ihrer Kompatibilität mit der Natur, ihrer Umgebung und ihrem Leben arbeiten, um mehr Wohlstand und Gesundheit im Leben zu erreichen.

Theorie der fünf Elemente

Die Theorie der fünf Elemente ist ein Bestandteil des Feng-Shui. Diese Elemente sind wichtig für die Bestimmung des richtigen Feng-Shui in einem bestimmten Raum. Diese Elemente sind: Feuer, Erde, Metall, Wasser und Holz, und jedes hat eine Besonderheit, die bestimmte Aspekte des Lebens symbolisiert.

Die Fünf Elemente sind der Ausdruck, der im Feng-Shui verwendet wird, um die Struktur der Natur zu erklären, und diese Elemente wirken zusammen und müssen immer ausgeglichen sein.

Feng-Shui für die zwölf Zeichen des chinesischen Horoskops

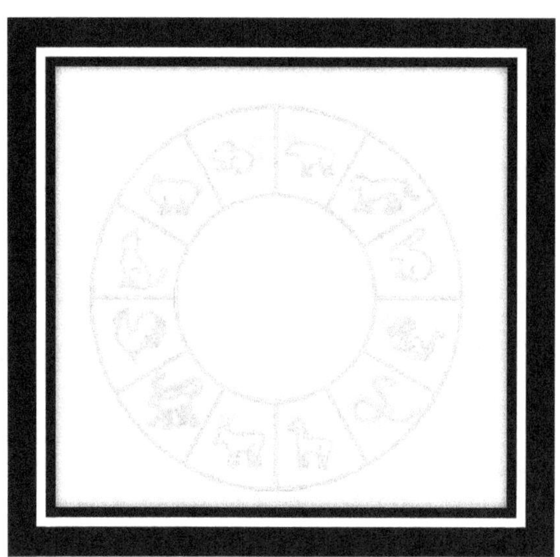

Das Zeichen der Ratte

Wasser begünstigt Menschen, die unter dem Zeichen der Ratte geboren sind, es hilft ihnen, Wohlstand zu erlangen. Um Fülle zu erhalten, sollten sie ein Goldfischbecken in den nördlichen Teil ihres Büros stellen.

Das Zeichen des Ochsen

Menschen dieses Zeichens werden Wohlstand erreichen, wenn sie das Element Feuer nutzen. Um dies zu erreichen, sollten sie Porzellan- oder Keramikartikel in ihren Geschäften oder Büros und in ihren Häusern aufstellen.

Das Zeichen des Tigers

Das Erdelement ist dasjenige, das Personen, die dem Zeichen des Tigers angehören, verwenden sollten. Sie sollten etwas Relevantes hinzufügen, dass dieses Erdelement symbolisiert. Eine Topfpflanze oder eine natürlich wachsende Blume kann Wohlstand in ihr Leben bringen.

Das Zeichen des Hasen

Um Glück und Fülle anzuziehen, brauchen Menschen mit dem Zeichen Hase ein geheimes Erdelement in ihrem Leben. Sie sollten eine Jade oder einen Citrin-

Quarz im nordöstlichen Teil Ihres Hauses oder Büros verstecken.

Drachen-Zeichen

Der Nordwesten ist hervorragend für diejenigen, die im Zeichen des Drachen geboren sind. In diese Richtung sollten sie eine Schale mit klarem Wasser, vermischt mit ein wenig Erde, stellen. Eine andere Möglichkeit ist, eine Lotusblume in eine Schale zu legen.

Das Zeichen der Schlange

Menschen, die dem Zeichen der Schlange angehören, werden zu Wohlstand kommen, wenn sie Metallgegenstände, insbesondere Gold und Silber, in ihrem Haus oder Büro verwenden.

Das Zeichen des Pferdes

Der Nordwesten ist die empfohlene Position für
Menschen mit dem Zeichen des Pferdes, um ein
großes Kapital zu erhalten. Sie sollten einen
Metallfrosch im Nordwesten ihres Hauses oder
Geschäfts platzieren.

Das Zeichen der Ziege

Norden ist die geeignete Himmelsrichtung für
Menschen, die im Zeichen der Ziege geboren sind. Sie
sollten eine kleine Holzkiste oder einen anderen
hölzernen Gegenstand im Norden ihres Büros oder
ihrer Wohnung aufstellen.

Wenn sie eine Holzkiste verwenden, sollten sie einen
Gegenstand, der mit ihrem Beruf zu tun hat, in die
Kiste legen. Ein Schriftsteller kann zum Beispiel einen
Bleistift in die Kiste legen.

Affe Zeichen

Damit Wohlstand in das Leben von Menschen kommt, die im Zeichen des Affen geboren sind, sollten sie eine Pflanze in ihrer Größe oder größer in dieser Himmelsrichtung auf der Westseite des Hauses oder des Unternehmens aufstellen.

Hahn Zeichen

Wer dem Sternzeichen Hahn angehört, hat Glück, wenn er einige Samen in ein Glas, eine Flasche oder eine Schale von dunkelroter Farbe legt. Sie sollten kein Metall verwenden.

Hundeschild

Menschen, die dem Zeichen des Hundes angehören, sollten in ihrem Leben auf die Elemente Wasser und Erde verzichten. Sie können Baumstämme oder Pflanzenzweige in ihr Büro oder ihre Wohnung stellen, aber sie können sie nicht in Wasser oder Erde stellen.

Das Zeichen des Schweins

Menschen, die im Zeichen des Schweins geboren sind, brauchen das Element Feuer in ihrem Leben, um Glück zu haben. Sie können ein Keramiktablett oder andere Gegenstände aus Ton in ihrem Haus aufstellen.

Feng-Shui 2024

Im Jahr des Drachen sollten Sie Perlenarmbänder oder
Armreifen tragen.

Sie sollten ein Amulett mit einer Drachenfigur oder
ein Feng-Shui-Glücks-Windspiel mit Kristallen
aufstellen und es im Südosten Ihres Hauses oder im
Familienbereich Ihres Schlafzimmers oder Büros
platzieren.

Vergessen Sie nicht, Ihre Wohnung mit Grünpflanzen,
natürlichen Blumen in verschiedenen Farben, Fotos,
Bildern oder Darstellungen zu dekorieren, die
Landschaften und Gärten charakterisieren.

Sie sollten auch hölzerne Dekorationen verwenden
und keine Fotos von verstorbenen Familienmitgliedern

neben den aktuellen Familienfotos aufstellen, da die Schwingung dieser Fotos schmerzhaft ist und Ihnen Energie raubt.

Das chinesische Neujahrsfest hat viele Traditionen, um das Alte zu verabschieden und Platz für das Neue zu schaffen. Eine Tradition, die wir empfehlen, ist, am ersten Tag des chinesischen Mondneujahrs nicht in der heimischen Küche zu kochen, da es Unglück bringt, scharfe Instrumente wie Messer herauszunehmen. Dies kann das Glück für den Rest des Jahres schmälern.

Die ersten 15 Tage des chinesischen Neujahrsfestes werden gefeiert, und obwohl es stimmt, dass uns manchmal die Zeit dazu fehlt, ist es ratsam, im Voraus Vorbereitungen zu treffen.

Wenn Sie es schaffen, im Voraus vorbereitet zu sein, wird dies Ihnen helfen, Wohlstand anzuziehen. In diesem Jahr sollten Sie zwei Tage vor dem chinesischen Neujahrsfest, also am Donnerstag, den 8. Februar 2024, mit einer gründlichen Reinigung Ihres Hauses beginnen. Vergessen Sie nicht, dass es Unglück bringt, am ersten Tag des neuen Jahres zu putzen, weil Sie damit Ihr ganzes Glück aus der Haustür fegen würden.

Am Abend vor dem chinesischen Neujahrsfest, am Freitag, dem 9. Februar 2024, sollten Sie alle Ihre Ziele für das Jahr planen und aufschreiben, falls Sie dies nicht schon am 1. Januar getan haben.

Schreiben Sie nach dem Neumond am Freitag, den 09.02.2024 um 17:58 Uhr EST absolut alle Ihre Wünsche auf. Welche Ziele wollen Sie in Ihrem Berufsleben, in Ihrem Finanzbereich, in Ihrem Liebesleben und in Ihrem Familienleben erreichen? Schreiben Sie eine Liste für jeden Bereich Ihres Lebens, den Sie verbessern möchten.

Wenn du eine Holztruhe kaufen kannst, wäre das ideal, denn darin kannst du deinen Wunschzettel zusammen mit einem Pyrit quarz und einem Citrin aufbewahren, die als Steine bekannt sind, die Wohlstand und Fülle anziehen. In die Truhe sollten Sie drei chinesische Münzen legen, denn sie sind traditionelle Symbole des Überflusses.

Alles, was Sie in diese Truhe legen, wird Ihre Wünsche schützen und die Wohlstandsenergien verstärken. Sie sollten diese Truhe an einem besonderen und sicheren Ort aufbewahren, am besten an einem hoch gelegenen Ort, denn so können Sie positive Energien von einer prominenten Stelle aus anziehen.

Vergiss nicht, neue Kleidung zu tragen, denn sie steht für die neuen Energien, die du in dein Leben ziehen willst. Du solltest einige rote Details tragen.

Besonders am Neujahrstag sollten Sie versuchen, sich nicht aufzuregen. Wenn möglich, nehmen Sie sich an diesem Tag frei, damit Sie sich nicht mit dem Verkehr oder anderen Sorgen herumschlagen müssen. Denken Sie daran, auf dem Markt eine Tüte Orangen zu kaufen, denn das symbolisiert den Eintritt von Wohlstand in Ihr Haus im neuen Jahr.

Tipps für das Jahr 2024

Dies ist ein spektakuläres Jahr für Ihr persönliches Wachstum, deshalb sollten Sie die sich bietenden Gelegenheiten nutzen und nicht nur Ihre Fähigkeiten ausbauen, sondern auch neue erlernen.

Alles, was Sie in diesem Jahr 2024 tun, wird eine Investition in Ihre Zukunft sein. Es wird ein sehr arbeitsreiches Jahr sein, aber die Energien sind ermutigend, denn das Jahr des Drachen wird Ihnen die Gelegenheit geben, die Sie für Ihren Erfolg brauchen. Um davon zu profitieren, müssen Sie sich jedoch über alle Optionen, die Ihnen zur Verfügung stehen, beraten lassen und alle Möglichkeiten analysieren.

Sie müssen aufmerksam sein und bereit, sich alle Ratschläge und Hilfen anzuhören. Mit Willenskraft und Initiative werden sich neue Türen für Sie öffnen.

In diesem Jahr des Drachen gibt es viel zu lernen, aber wenn Sie die Herausforderung annehmen, können Sie nicht nur in Ihrem Beruf vorankommen und Ihr Einkommen steigern, sondern auch wertvolle Erfahrungen sammeln.

Im Jahr des Drachen werden Sie sich nicht nur an größeren finanziellen Gewinnen erfreuen, sondern mit Ihrer unternehmerischen Natur auch ein Hobby finden, das Ihnen Wohlbefinden bringt.

Allerdings müssen Sie bei Ihren Ausgaben diszipliniert und sorgfältig haushalten, vor allem, wenn Sie an sehr umfangreichen Transaktionen beteiligt sind.

Wenn Sie im Laufe des Jahres Verträge unterzeichnen oder wichtige Vereinbarungen treffen müssen, sollten Sie die Bedingungen und alle Auswirkungen prüfen.

Um Höchstleistungen zu erbringen, sollten Sie einen ausgewogenen Lebensstil pflegen, Sport treiben, Ihren

Schlafrhythmus einhalten und sich gesund ernähren.
Es wird von Vorteil sein, wenn Sie neue Freunde
finden.

Im Jahr des Drachen kann das Leben geheimnisvoll
wirken und zufällige Ereignisse anziehen, die Ihnen
viele Möglichkeiten eröffnen.

Der Zufall spielt in diesem Jahr eine wichtige Rolle in
Ihrem Leben und verändert Ihre wirtschaftliche
Situation. Nach dem Mai wird es eine Menge sozialer
Aktivitäten geben, und Sie werden eine Menge Spaß
haben können.

Es wird ein lohnendes Jahr, in dem es Entscheidungen
zu treffen, Anschaffungen zu tätigen und
Vergnügungen zu genießen gilt.

Diejenigen, die einen Partner haben, werden
feststellen, dass sie gemeinsam mehr Erfolg haben.

Es ist ein Jahr, in dem die Fähigkeit, Gelegenheiten
wahrzunehmen, viele Vorteile bringen wird. Das Jahr
des Drachen hat großes Potenzial, also bleiben Sie
offen für Gelegenheiten und seien Sie auf
Veränderungen und Anpassungen vorbereitet.

Das Jahr des Drachen wird die Unternehmer belohnen.

Am selben Abend, vor dem Jahreswechsel, sollten Sie Ihr Haus reinigen, alle Fenster zum Lüften öffnen und weiße und gelbe Blumen in allen Gemeinschaftsbereichen Ihres Hauses aufstellen. Speziell am Eingang sollten Sie Räucherstäbchen aus Zimt, Sandelholz, Eukalyptus oder Lavendel oder ein Räucherstäbchen aus Palo Santo, weißem Salbei oder Vanille aufstellen.

Sie müssen das Haus gut räuchern. Sahumar ist die Erzeugung von Rauch, in der Regel mit Hilfe von Weihrauch, um die Umgebung zu aromatisieren und als Instrument der Reinigung und Entschlackung zu nutzen.

Ihre Besonderheit ist, dass sie einen angenehmen Duft verströmen, dem eine entspannende Wirkung nachgesagt wird. Viele Menschen verwenden die Sahumerios mit dem Ziel, die energetischen Schwingungen ihrer Wohnung zu verändern.

Wenn Sie eine Räucherung haben, die Sie im ganzen Haus verteilen, denken Sie daran, kreisende Bewegungen nach rechts zu machen. Wenn ihr einen persönlichen Bereich reinigen wollt, solltet ihr mit eurem eigenen Körper beginnen, von den Füßen bis zum Kopf, und dann zum Herzen zurückkehren, wobei ihr immer leichte Kreise macht.

Da dies das Jahr des Hasen ist, ist es ratsam, ein paar Metall- oder Holzhasen im Haus zu haben, und wenn Sie die Möglichkeit haben, auch ein paar Glaskaninchen, da sie das Element des Jahres repräsentieren: Wasser.

Wenn Sie diese Möglichkeit nicht haben, können Sie ihn mit Bildern, Porträts oder Figuren symbolisieren. Betrachten Sie ihn als Glücksbringer, denn schließlich ist das Kaninchen bestrebt, den Wohlstand zu sichern. Er wird viel Reichtum in dein Haus bringen.

Eine weitere Empfehlung für das Jahr 2024 ist, einige Wände in Ihrer Wohnung himmelblau zu streichen.

Diese Farbe ist eine der Wohlstandsfarben für dieses neue Jahr. Seien Sie vorsichtig damit, Ihr Haus mit Blau vollzustopfen. Sie sollten nie vergessen, dass Ausgewogenheit das Wichtigste ist. Wenn du es mit Blau übertreibst, ziehst du Entmutigung oder Apathie an.

Eine Möglichkeit oder Option ist es, ihn in Form eines Armbands, eines Ohranhängers, eines Pendels, eines Schläfers, eines Rings, eines Schlüsselanhängers oder eines Talismans in der Tasche oder im Portemonnaie zu tragen.

Wenn Sie sowohl das Kaninchen als auch das Wasser haben, wird dies eine Assoziation von Reichtum, Schutz und Glück in Ihrem Leben, Haus oder Büro bilden. Denken Sie immer daran, dass alles von Beständigkeit und Anstrengung begleitet wird.

Wenn Sie einige Pflanzen wie Basilikum kaufen können, die eine große Fähigkeit haben, Fülle zu erzeugen, zusätzlich zu ihrer Kraft, schlechte Schwingungen zu vertreiben und umzuwandeln, werden Sie es nicht bereuen.

Mit Jasmin wäre eine weitere gute Option, Ihr Haus wird immer duftend und mit guten Schwingungen sein.

Sie sollten frischen Jasmin in Ihrem Haus haben, wann immer Sie die Möglichkeit dazu haben, aber das Wichtigste ist, dass er am ersten Tag des chinesischen Jahres in jeder Ecke Ihres Hauses steht.

Rituale zum Beginn des chinesischen Neujahrs 2024

Das chinesische Neujahrsfest sollte mit Freude, Musik und einem üppigen Familienessen begrüßt werden. Es ist eine Zeit, in der man feiert und sich auf Glück und Wohlstand für das kommende Jahr konzentriert.

Sie sollten neue Kleidung **tragen**, denn dies symbolisiert einen Neuanfang.

Eine klangvolle Farbe wie Rot, die im Allgemeinen für Harmonie, Glück und Wohlbefinden steht, eignet sich hervorragend für diesen Tag.

Vermeiden Sie es, Weiß oder Schwarz zu tragen, während Sie auf das neue Jahr warten, da dies die Farben sind, die man normalerweise zu Beerdigungen trägt.

Eine Reinigung als Vorbereitung auf das chinesische Neujahrsfest in Form eines Rituals ist sehr nützlich.

Diese Reinigung soll böse Geister abwehren, die sich vielleicht in den Ecken des Hauses verstecken.

Normalerweise tauschen die Menschen Möbel aus
oder stellen sie um, bessern die Farbe in ihrer
Wohnung aus, reparieren Schäden und waschen die
Fenster mit viel Wasser.

Energetische Rituale zur Reinigung

Noch am selben Abend, bevor das neue Jahr beginnt, sollten Sie Ihr Haus putzen, alle Fenster zum Lüften öffnen und weiße und rote Blumen in allen Gemeinschaftsräumen Ihres Hauses aufstellen.

Speziell am Eingang sollten Sie Zimt, Sandelholz, Eukalyptus oder Lavendel räuchern oder Lorbeerblätter verbrennen. Lorbeer ist eine Pflanze, die die Fähigkeit hat, zu schützen, zu reinigen und zu heilen. Eine weitere Möglichkeit, positive Energien in Ihr Haus zu holen, ist die Kombination von Zimt und Lorbeerblättern. Verbrennen Sie Lorbeerblätter und bestreuen Sie sie mit Zimtpulver. Wenn diese Mischung angezündet ist, verteilen Sie den Rauch in den Räumen Ihres Hauses.

Sie müssen das Haus gut räuchern. Sahumar ist die Erzeugung von Rauch, in der Regel mit Hilfe von Weihrauch, um die Umgebung zu aromatisieren und als Instrument der Reinigung und Entschlackung zu nutzen.

Ihre Besonderheit ist, dass sie einen angenehmen Duft verströmen, dem eine entspannende Wirkung nachgesagt wird.

Viele Menschen verwenden Räucherstäbchen, um die energetischen Schwingungen in ihrem Haus zu verändern.

Wenn Sie ein Räucherstäbchen haben, das Sie im Haus verteilen, denken Sie daran, kreisende Bewegungen nach rechts zu machen.

Wenn Sie einen persönlichen Bereich reinigen wollen, sollten Sie mit Ihrem eigenen Körper beginnen, von den Füßen bis zum Kopf, und dann zum Herzen zurückkehren, wobei Sie immer leichte Kreise ziehen.

Da dies das Jahr des Grünen Holzdrachen ist, ist es ratsam, ein Paar Holzdrachen in Ihrem Haus zu haben.

Wenn Sie diese Möglichkeit nicht haben, können Sie sie mit Bildern, Porträts oder Figuren symbolisieren.

Eine weitere Empfehlung für das Jahr 2024 ist es, einen Teil der Wände Ihres Hauses grün zu streichen.

Diese Farbe symbolisiert Wohlstand für dieses Jahr. Übersättigen Sie Ihr Haus nicht mit Grün, denken Sie daran, das Gleichgewicht zu halten. Wenn Sie es mit Grün übertreiben, werden Sie Stress in Ihr Leben ziehen.

Eine Möglichkeit oder Option ist es, es mit Ihnen zu tragen, als Armband, Anhänger Ohrringe, Pendel, Schläfer, auf einem Ring, Schlüsselanhänger oder Talisman in der Tasche oder Handtasche, wird dies eine Assoziation von Reichtum, Schutz und viel Glück in Ihrem Leben, zu Hause oder im Büro zu bilden.

Wenn Sie einige Pflanzen wie Lavendel, Raute oder die Geldpflanze kaufen können, die die Fähigkeit haben, Fülle zu erzeugen, zusätzlich zu ihrer Kraft, schlechte Schwingungen zu vertreiben und umzuwandeln, werden Sie es nicht bereuen.

Da Wasser das Element ist, das das Holz ergänzt, wird ein Wasserbrunnen am Eingang Ihres Hauses Wohlstand anziehen. Vergessen Sie nicht, dass das Wasser nach innen fließen sollte.

 Das Aufstellen eines Wasserbrunnens im Wohlstandsbereich Ihres Hauses, auf der linken Seite, auf der Rückseite, von der Eingangstür aus gesehen, wird Ihnen viele materielle Vorteile bringen.

Zusammen mit Grün ist Rot die Glücksfarbe für dieses Jahr 2024, du solltest sie in deinem Haus verwenden, um die Energien des Glücks zu aktivieren. Sie können Rot auf Ihrer Kleidung tragen, oder mit einem anderen Kleidungsstück wie einem Schal, einer Mütze oder einem Armband, so dass Sie Geld anziehen können.

Das chinesische Neujahrsfest sollte mit Freude, Musik und einem üppigen Familienessen begrüßt werden. Es ist eine Zeit des Feierns, in der man sich auf Glück und Wohlstand für das kommende Jahr konzentriert. **Man sollte** neue Kleidung tragen, denn sie symbolisiert einen Neuanfang.

Eine klangvolle Farbe wie Rot, die im Allgemeinen für Harmonie, Glück und Wohlbefinden steht, eignet sich hervorragend für diesen Tag.

Vermeiden Sie es, Weiß oder Schwarz zu tragen, während Sie auf das neue Jahr warten, da dies die Farben sind, die man normalerweise zu Beerdigungen trägt.

Eine Reinigung als Vorbereitung auf das chinesische Neujahrsfest in Form eines Rituals ist sehr nützlich. Diese Reinigung soll böse Geister abwehren, die sich vielleicht in den Ecken des Hauses verstecken.

Normalerweise tauschen die Menschen Möbel aus oder stellen sie um, bessern die Farbe in ihrer Wohnung aus, reparieren Schäden und waschen die Fenster mit viel Wasser.

Über den Autor

Zusätzlich zu ihren astrologischen Kenntnissen verfügt Alina Rubi über eine reichhaltige berufliche Ausbildung; sie hat Zertifizierungen in Psychologie, Hypnose, Reiki, bioenergetischer Kristallheilung, Engelsheilung, Traumdeutung und ist spirituelle Lehrerin. Sie verfügt über Kenntnisse in Gemmologie, die sie nutzt, um Steine oder Mineralien zu programmieren und sie in kraftvolle Amulette oder Talismane des Schutzes zu verwandeln.

Rubi hat einen praktischen und ergebnisorientierten Charakter, der es ihr ermöglicht hat, eine besondere und integrative Vision von mehreren Welten zu haben, die Lösungen für spezifische Probleme erleichtert. Alina schreibt die monatlichen Horoskope für die Website der American Assoziation oft Astrologe, die Sie unter www.astrologers.com lesen können. Zurzeit schreibt sie eine wöchentliche Kolumne in der Zeitung El Nuevo Herald über spirituelle Themen, die jeden Freitag in digitaler Form und montags in gedruckter

Form erscheint. Er hat auch ein Programm und ein wöchentliches Horoskop auf dem YouTube-Kanal dieser Zeitung. Ihr Astrologisches Jahrbuch wird jedes Jahr in der Zeitung "Diario las Américas" in der Rubrik Rubi Astrologa veröffentlicht.

Rubi hat mehrere Artikel über Astrologie für die monatliche Publikation "Today's Astrologer" geschrieben und Kurse in Astrologie, Tarot, Handlesen, Kristallheilung und Esoterik gegeben. Er hat ein wöchentliches Video über Astrologie-Themen auf dem YouTube-Kanal des New Herald. Sie hatte ihr eigenes Astrologie Programm, das täglich auf Flamingo T.V. ausgestrahlt wurde, wurde von mehreren Fernseh- und Radiosendungen interviewt und veröffentlicht jedes Jahr ihr "Astrologisches Jahrbuch" mit dem Horoskop nach Sternzeichen und anderen interessanten mystischen Themen.

Sie ist Autorin der Bücher "Reis und Bohnen für die Seele" Teil I, II und III, einer Zusammenstellung von esoterischen Artikeln, die in englischer und spanischer Sprache veröffentlicht wurden, "Geld für alle Taschen", "Liebe für alle Herzen", "Gesundheit für alle Körper", "Astrologisches Jahrbuch 2021", "Horoskop 2022", "Rituale und Zaubersprüche für den Erfolg im Jahr 2022 - Zaubersprüche und Geheimnisse", "Astrologie-Kurse", "Rituale und Zaubersprüche 2024" und "Chinesisches Horoskop 2024", alle in sieben Sprachen erhältlich.

Sie hat ihren YouTube-Kanal mit Themen zu Psychologie, Esoterik und Astrologie, wo man Videos zu Seelenverwandtschaft, Reinkarnation, Körpersprache, Astralreisen, bösem Blick, Zaubersprüchen und vielen weiteren Themen genießen kann.

Rubi spricht perfekt Englisch und Spanisch und kombiniert alle ihre Talente und Kenntnisse in ihren Lesungen. Sie wohnt derzeit in Miami, Florida.

Weitere Informationen finden Sie auf der Website www.esoterismomagia.com.

Angeline A. Rubi ist die Tochter von Alina Rubi. Seit ihrer Kindheit interessiert sie sich für alle esoterischen Themen und praktiziert Astrologie und Kabbala seit ihrem vierten Lebensjahr. Sie verfügt über Kenntnisse in Tarot, Reiki und Edelsteinkunde. Sie ist nicht nur die Autorin, sondern auch die Herausgeberin aller von ihr und ihrer Mutter veröffentlichten Bücher.

Für weitere Informationen kontaktieren Sie sie bitte per E-Mail: rubiediciones29@gmail.com

www.ingramcontent.com/pod-product-compliance
Lightning Source LLC
Chambersburg PA
CBHW081150130726
47996CB00009B/3069